手のひらにのせて楽しむぬいぐるみ

アンティークな小さい動物たち

森田寛子
moriのえほん

今日もおばあさんは不機嫌そうにドアを開けました。

子どもたちが来たからです。

なんだって、あんたたちはいつも来るんだい。

汚れた足を拭きな。ベッドで跳ねたら承知しないよ。

おばあさんがブツブツ小言を言うのもいつものこと。

ほら、パイを焼いたから熱々のうちにお食べ。

けんかしたら食べさせないよ。

バニラをのせるなら皿を持ってきな。

そっちは風が入るからこっちの部屋で遊びな。

鼻が出てるじゃないか、温かいミルクをお飲み。

まったくあんたたちのおかげで昼寝もできやしないよ。

そういって頭をなでてくるおばあさんのことを

みんなが大好きなのは言うまでもありません。

A small story in the forest
ほんとうはやさしい ねずみのおばあちゃん

春を探して絵を描きましょう！
みなさんが見つけた春を楽しみにしていますよ。
先生はそう言ってにこりと笑うと、
子ども達を庭に残して教室に戻って行きました。

子どもたちはワッと散り散りに春を探し始めました。
しばらくすると花や野いちご、つくしなどを
囲んで描き始めました。
どうしても春を見つけられない子たちは、
困り果てて先生の所へ行きました。

教室に入るなり、顔を見合せて
にんまりと笑った子どもたち。
春を見つけた！
そこにはこっくりこっくりと頭を揺らしながら、
気持ちよさそうに寝ている先生がいました。

A small story in the forest
先生の眠気も誘う春の陽気

うっかり者の姉と、しっかり者の妹はとても仲よしです。

今日も一緒に落ち葉遊びをしに行きます。

留守にするから鍵を持って行きなさいと、

お母さんは妹に鍵を渡そうとしました。

すると姉が横から鍵をひったくりました。

お姉ちゃんなくさないでね。

お母さんはハラハラした様子で言いました。

さて落ち葉遊びも飽きてきた頃、姉の様子が変です。

あせった様子で落ち葉をかき分けたり、

池をのぞき込んだりしています。

ない！ ないよう！ 鍵がないよう！

姉はついに泣き出してしまいました。

妹は慌てて駆け寄ると姉の帽子を取りました。

お姉ちゃん、なくさないように帽子の中に入れたでしょ。

ほら、あったよ。

鍵はちょこんと頭の上にありました。

やっぱり姉はうっかり者で妹はしっかり者でした。

A small story in the forest
うっかりさんとしっかりさんのりすの姉妹

私はあんたが私を食べないって知ってる。
けど絶対そっちに行っちゃだめだって。
ぼくもおまえを食べないと誓える。
けどそっちには行くなって言われてる。

親の言いつけは大事。
けれど子ども達は、
ただ友達になりたいだけなのです。

A small story in the forest
仲よくなりたい　おおかみくんとうさぎちゃん

一見おとなしくていい子のねこちゃんは、
実はとんでもないいたずらっ子。
でもいたずらっ子なんて、みんな知りません。
それは、それは上手にいたずらしていたのです。

先週は公園に「お化け注意！」の看板を掲げて
お友だちを怖がらせました。
昨日は八百屋さんに粘土で作った毛虫10匹を
りんご下に忍ばせ、お客さんの悲鳴を楽しみました。
今日はきれい好きな白くまさん家の壁に砂糖水をかけてこよう。
夕方にはアリンコで一杯になるぞ。
ああ！ いたずらって楽しい！

ふふっと笑みをもらしたとき、
お母さんが手紙が来てるわよと、白い封筒を渡してきました。
差出人は書いてありません。
ねこちゃんは不思議に思いながら、手紙の封を切りました。

そこには赤い文字で、
「知ってるぞ。見ているぞ」
そして、いたずらを仕込んでいる、
ねこちゃんの写真がパラパラと落ちました。

ねこちゃんの悲鳴を聞いて
満足げに微笑んだのは、
本性を見抜いている
やっぱりいたずら好きなお母さんでした。

A small story in the forest
いたずら大好き！ 子ねこちゃん

はじめまして

幼い頃、好きだった絵本はありますか?
私は国内外問わず、動物が人のように話したり、
生活するお話が好きでした。
温かい服を着ておいしそうな食卓を囲んだり、
お風呂に入ったり。
優しい子や意地悪な子、お調子者などが紡ぐ
ストーリーとイラストはとても魅力的でした。

ぬいぐるみを作り始めたのは10年ほど前。
図書館で借りてきた本を見ながら最初に生まれたベア、
それは不恰好でへたくそな作品でした。
でもとても愛おしくて今でも手に取って話しかけたりしています。
そうして作り続けているうち、
絵本のようなストーリーが浮かぶようになりました。
今では私の中に昔好きだった絵本の世界が広がっています。

この本を通して皆さんが自分の好きな
何かを見つけるきっかけになっていただけたらうれしいです。

新しいことを始めるのは何でも最初は少し大変です。
小さなぬいぐるみも手が慣れるまでは
思うようなでき上がりにはならないことでしょう。
でもきっとそんな不恰好な子も、愛すべき存在になります。
そして作り続けていくうち、
皆さんの中にもストーリーが生まれることでしょう。
楽しい動物たちのおしゃべりを聞きながら、
またひとつまたひとつ、愛らしい仲間を増やしていってください。

皆さんの絵本を楽しみにしています。

森田寛子
moriのえほん

CONTENTS

A small story in the forest

くまさん

How to make ... 6.5・8・10cm/**P.40**　5.5cm/**P.60**

6.5cm

10cm

8cm

5.5cm

ねこさん

How to Make ... P.52

7cm

9cm

うさぎさん

How to Make ... 8・10cm/**P.56**　6cm/**P.60**

8cm　　　10cm　　　6cm

ひつじさん

How to Make ... **P.62**

7cm   9cm

9cm　7cm

9cm

7cm

8.5cm   10cm

ぞうさん

How to Make ... P.70

9cm   7cm

7cm

9cm

ねずみさん

How to Make ... P.72

Rabbit

How to Make ... P.76

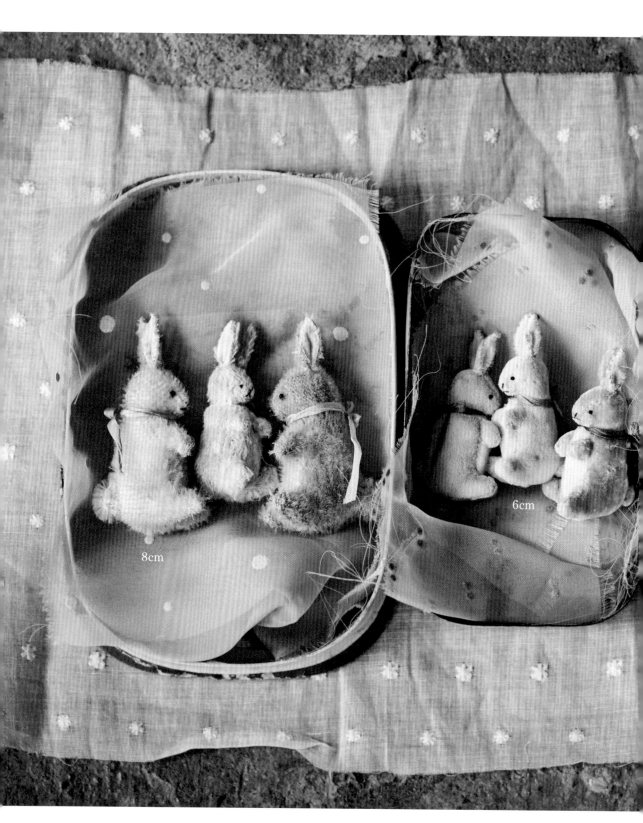

8cm

6cm

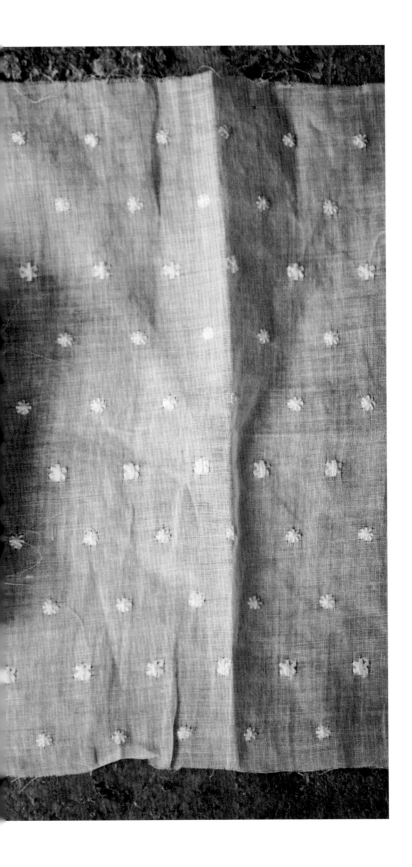

Dog

How to Make ... P.80

6cm

5cm

6cm

8cm

Sheep

How to Make ... P.82

How to make

道具
......

A ハサミ

モヘアをカットするときは刃先を使い、毛を切らないように土台の布だけを切ります。刃渡りが短く、先端の細いものが使いやすいです。

B 鉗子

縫い終わった小さなパーツのあき口から布を表にひっくり返すときに使います。先がカーブしているものが使いやすいです。

C スタッフィングスティック

ミニチュア用の物。ひっくり返したパーツの角を出したり、綿を詰めるときに使います。

D 針とまち針

一番左の長くて太い針は、手足をつなげるときやしっかり縫いつけるときに使います。その隣が刺繍針（おもにNO.8とNO.9を愛用）で縫い針として使いますが、布の厚さによって太さを変えたり、使いやすいものを選んでください。細い針はビーズ針で目をつけるときに使います。まち針は目や手足の位置などを決めるときに使います。

E ペンチ

首と胴をつなげるジョイントのピンをひねる際に使います。先端が細いものが使いやすいです。

F ペン

布に型を写すときに使う水性ペンです。0.28〜0.38mmの細いものが使いやすいです。暗い色の生地には白いペンを使います。

G 毛抜き

目の周りの毛をむしったり、でき上がったぬいぐるみのモヘアをむしり、アンティーク感を出す際に使います。

H 毛立てブラシ

毛並みを整えたり、縫い目に挟まった毛を引き出すときに使います。

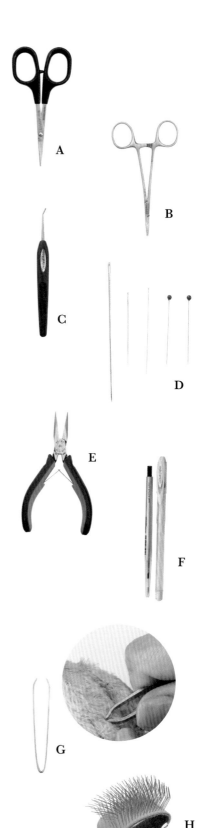

材料
·······

I 縫い糸
使うモヘアの色に合わせた縫い糸を選びます。『デュエット』
など、強くて丈夫な滑りのよい糸がおすすめです。

J ナイロン糸
縫い糸よりも丈夫なナイロン製の糸は、ジョイントやビーズ
の目をつける際に使います。また目をつけたとき、通した糸
が目立つ際は黒ペンで目立つ部分を隠してください。

K 刺繍糸
鼻や口、爪のステッチに使います。本書では茶、黒、ピンクの
25番を多用しています。

L ほつれ止め用ボンド
縫わずに仕上げる、切りっぱなしの布のほつれ防止などに使
います。

M ぬいぐるみ用綿
ぬいぐるみ用の綿は詰め方により、ふんわりにもかためにも
なります。本書でのぬいぐるみはしっかり綿を詰め込むため、
ほどよくしっとり感がある綿が使いやすいです。

N ステンレスボール
ぬいぐるみの重量を出すために、胴体に入れます。本書で
は3mm以下のものを使います。使う量は10cmのくまさん
で30個ほど。好みの重さを入れてください。

O オニキスビーズ
ぬいぐるみの目に使います。本書では1.5mmと2mmのも
のをぬいぐるみのサイズに合わせて使い分けています。

P ジョイント
胴と首を接続するために使います。6mmのサイズでピンは
1本、ハードボードは2枚使います。

Q ワイヤー
26番のワイヤーです。糸を巻きつけ、ねずみのしっぽを作る
際に使います。

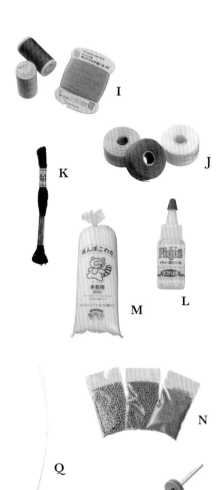

その他の材料
ぬいぐるみのマフラーやショール、
エプロンなども簡単に手作りでき
ます。小さなはぎれ、細い毛糸など
いくつかあると便利です。

布
....

モヘア

ぬいぐるみで使われるモヘア生地は、アンゴラヤギの
毛から作られたものです。いろんな種類があります
が、本書で使っているのはおもに5種類。ストレートモ
ヘアはまっすぐな毛でさまざまな長さがあります。ショー
トモヘアはツンツンとしていてアンティークな作品に合
います。カールモヘアはウエーブと毛流れがあり、ねこ
さんなどに向いたモヘアです。スパースモヘアは毛の密
度が少なく、まだらな印象になるので本書の中でも小
さなぬいぐるみには向きません。ディストレスモヘアは
毛にクセがついていて、雰囲気のあるぬいぐるみになり
ます。

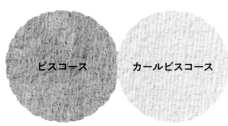

アルパカ

本書ではうさぎさんやひ
つじさんで使っています。
毛がやわらかく、手触り
がよいです。

ウール

ゴワゴワとしっかりして
いるのが特徴です。アン
ティークな雰囲気を出す
ことができます。

ビスコース

ビスコースは小さなパーツも裏返しやすい
ので、ミニチュアに適した生地です。一度水
に通し、毛立てブラシでブラッシングする
とふんわりします。また毛をむしったり、汚
しをするとアンティーク感が出ます。カール
ビスコースはSheepなどに向いています。

ミニチュアファー

ミニチュア用のぬいぐる
みの生地です。ほつれに
くく、裏返ししやすいの
が特徴で、初心者の方に
もおすすめです。

ウルトラスエード

耳の内側や足裏に使い
ます。

おすすめのお店

テディベア材料通信販売専門店　サンタクルーズベア
https://www.santacruzbear.net/

京都まるくま
https://kyoto-marukuma.com/

リントゥコト
https://shop.lintukoto-torinoie.com/

プリメーラ
https://primera-corp.co.jp/

ジャパンテディベア
http://www.teddybear.co.jp/

アンティーク加工用の塗料と方法

布用絵の具と筆

水で絵の具を薄く溶き、目のきわや経年劣化で汚れそうな耳、胴、足などに筆で塗っていきます。塗ったあとは手でこすり、なじませるのがポイントです。手の汚れが気になる場合は、ビニール手袋をして行ってください。色は黒、茶系の色が使いやすいです。

パステル

こげ茶や黒が使いやすいです。指にこすってなじませたのち、汚れを目立たせたい場所にのせます。

アルコールマーカー

色が豊富な『コピック』をよく使います。頬をピンクにしたり、耳の内側などのアクセントをつけたいところに使います。

くまさん

ずっとそばに置いておきたくなるようなシンプルなくまさん。
アレンジも自由自在なので、アンティーク加工を楽しんで。
作り慣れたらいろんなサイズを挑戦してください。

〈パターンについて〉

パターンはP.87を参照してください。

＊8cmのくまさんは80％、
　6.5cmのくまさんは65％に縮小する。

〈材料〉

10cm、8cm、6.5cmのくまさん

ビスコース(毛足5〜7mm) ⋯⋯ 15×20cm

＊8cmのくまさんは12×16cm、
　6.5cmのくまさんは10×13cm。

ウルトラスエード(足裏用〈ベージュ〉・厚さ0.5mm)
　⋯⋯ 2×3cm

オニキスビーズ(1.5mm) ⋯⋯ 2個

＊6.5cmのくまさんの目は、
　フレンチナッツステッチ(右ページ)を参照。

ジョイント(6mm) ⋯⋯ 1個

ステンレスボール ⋯⋯ 適量

縫い糸、ナイロン糸、刺繍糸、
　ぬいぐるみ用綿 ⋯⋯ 各適量

布に型を写す

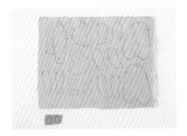

毛の向きに気をつけ、布の裏側に型を写す。

布をカットする

1 縫い代3mmを残してカットする。

2 すべてが切り終わった状態。

胴のダーツを縫う

1 胴のパーツ2枚のダーツをそれぞれ縫う。

2 2つ折りにして縫い合わせる。

3 縫い合わさった状態。

本書で使う3種類の縫い方

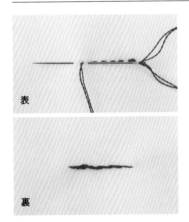

表

裏

○半返し縫い

ひと針縫って、ひと針の半分戻る。ひと針縫って、ひと針の半分戻るを、繰り返す縫い方。表から見ると並縫いですが、裏から見ると縫い目が続いています。布を丈夫に縫いたいときにおすすめです。パーツの縫い合わせは基本この縫い方になります。

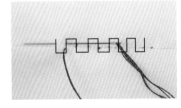

○ラダーステッチ

あき口を閉じる際に縫い目を見せたくないときに使います。コの字閉じとも呼ばれ、両側の折り山に糸が垂直に渡るように縫っていきます。

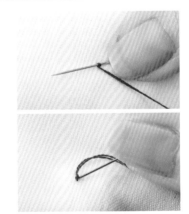

○フレンチナッツステッチ

目を作るときに使うステッチです。糸を玉結びし、布の裏側からステッチしたい位置に糸を出します。針に糸を1回巻きつけ、巻きつけた場所を指で押さえながら糸が出ている穴に再度針を刺します。つぶらな瞳は糸2本取りで、パッチリ瞳は3本取りがおすすめです。

胴を縫う

1

ダーツを入れた胴2枚を中表に合わせ、あき口を残して縫う。

2

縫い終わった状態。

首の位置に印をつける

布を裏返ししたときにわかるように鉛筆でジョイントを差し込む位置に印をつける。

胴を裏返す

1

鉗子で布の一部をつまみ、あき口から裏返す。

2

スタッフィングスティックを使い、細部まできれいに押し出す。

3

きれいに裏返った状態。

頭を縫い、裏返す

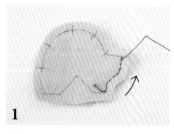

1

頭の左右を中表に合わせ、あご下から鼻先まで縫う。

2

頭の中央の布を**1**の鼻先に合わせて縫い止め、糸を切る。

3

頭の左右と合わせてぐるりと縫い合わせる。

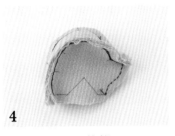

4

縫い合わさった状態。

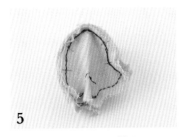

5

頭の左右のダーツを縫う。

6

鉗子で布の一部をつまみ、あき口から裏返す。スタッフィングスティックを使い、細部まできれいに押し出す。

頭に綿を詰める

1

スタッフィングスティックを使い、綿を少しずつちぎってしっかりかために詰める。

2

綿が詰まった状態。

耳を縫う

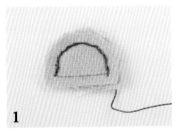

1

耳のパーツを中表に合わせて半円部分を縫い、糸を表に出す。

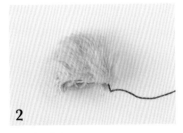

2

1を裏返す。

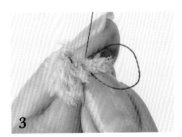

3

あき口を内側に織り込み、かがる。糸はそのままつけておく。片方の耳も同様に縫う。

頭に耳をつける

1 まち針で耳が少し内側にカーブするように固定する。

2 耳についた糸で頭に縫いつける。

3 縫いつけた糸は頭の後ろに引き出す。

4 玉止めをする。

5 引き出した場所に針を刺し、違う場所に出す。

6 糸を引っ張り、パチッと音がして玉が頭の中に入ったらハサミで糸を切る。

ぬいぐるみの玉止めの方法

玉止めした糸を引き出した場所に再び針を刺し、離れた所に糸を出します。糸を引っ張って玉止めを中に引き入れ（中に入るとパチッと音がします）、隠します。糸の処理はこの方法で行います。

頭にジョイントを入れる

1

ナイロン糸を2本取りにして針に通し、頭の首周りをぐし縫いする。

2

ハードボード1枚を通したジョイントを入れる。

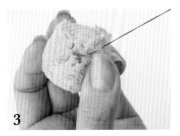

3

ピンがぐらぐらしないようにしっかり糸を引く。

4

糸を引きながら、さらに2〜3周補強するように縫う。

5

頭にジョイントがついた状態。

鼻と口をステッチする

刺繍糸を2本取りにして針に通し、あご下から鼻先に出す。
Point 刺繍糸は1本取りでも2本取りでも大丈夫です。ぬいぐるみのサイズ、好みで変えてください。

針を上下に少しずつすくって好みの鼻になるまでステッチする。

鼻から少し離れた場所に針を出し、同じ穴に刺して鼻下中央に出す。

2mm下に針を入れる。

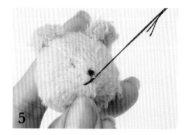

右斜め下に針を出して**4**の下に刺す。

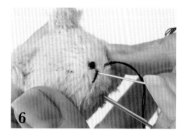

反対側も同様にステッチし、最後は頭の後ろに糸を出して玉止めして処理をする。

鼻のバリエーション

1

鼻は上下にすくうようにステッチする。

くまさんやりすさん向き

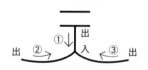

2

鼻は左右に好きな長さでステッチする。

くまさん

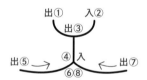

3

鼻は横にステッチし、
①と②の糸を
③の糸で引っ掛けてV字にする。

うさぎさんやひつじさん向き

目をつける

1 目の位置をまち針で決める。

2 ビーズ針にナイロン糸を2本取りで通し、頭の後ろから片目のまち針に向けて針を入れて引っ張り、糸の玉止めを頭の中に引き入れる。

3 ビーズ1個を針に通し、まち針から1mmほどずらした場所に針を刺す。

4 頭の後ろに針を出して糸をしっかり引き出す。

5 4の引き出した穴に針を再度刺し、同様にもう一方の目もつける。

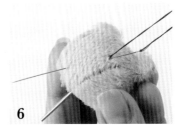

6 最後は頭の後ろに糸を出して玉止めして処理をする。

7 頭のでき上がり。

頭と胴をつなげる

1 胴につけた印に頭のジョイントのピンを差し込む。

2 胴に入ったピンにハードボード1枚を通す。

3 ハードボードを奥まで押し込み、ペンチでピンを外側にひねるように1本ずつ曲げる。

4 巻いたピンを内側に寄せてしっかり固定する。

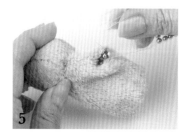

5 胴のあき口からステンレスボールを好みの重さになるように入れる。

6 スタッフィングスティックを使い、綿を少しずつちぎってしっかりかために詰める。
Point ジョイント周りにしっかり綿を詰めると頭がグラグラしません。

7 ラダーステッチであき口を閉じる。

8 はみ出た綿と縫い代はスタッフィングスティックで縫い目の下に押し込む。

9 糸をしっかり引っ張って閉じたら、離れた所に糸を出して玉止めして処理をする。

手と足を縫う

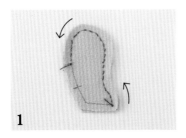

1 足を縫う。足2枚を中表に合わせ、つま先からあき口上まで縫う。

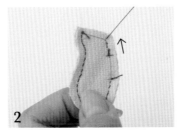

2 あき口下からかかとまで縫う。

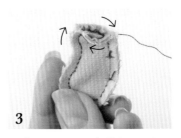

3 足裏のスエード生地をぐるりと縫いつける。

4 そのままあき口下まで縫い戻る。

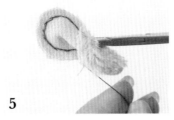

5 糸を残したまま鉗子で裏返す。裏返したあとはスタッフィングスティックを使い、細部まできれいに押し出す。

6 綿をしっかりかために詰めたのち、ラダーステッチであき口を閉じる。

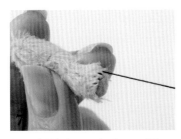

7 針に刺繍糸を2本取りで通し、爪を4本ステッチする。もう片方の足も同様に作る。

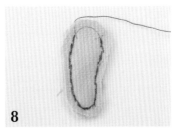

8 手を縫う。手2枚を中表に合わせ、あき口を残して縫う。裏返して綿を詰めて閉じ、爪を4本ステッチする。
Point 手の爪は外側に向くようにします。

9 すべてのパーツができ上がった状態。

手足のパーツをつなげる

1
両足の上部1cmにまち針を刺し、胴に刺して足の位置を決める。

2
長くて太い針にナイロン糸を2本取りで通す。足と胴の間が見えるようにまち針を少し引き、まち針が刺さっている穴に針を刺す。

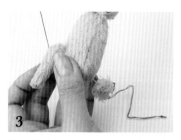

3
胴を貫通し、右足のまち針の刺さっている場所に針を出す。出すときはまち針を抜く。

4
同じ穴に針を再び刺し、足の内側は2mmほどずらして針を出す。

5
胴のほうも糸が出ている場所から2mmほどずらして針を刺す。再び胴を貫通させ、糸をしっかり引いて足をつなげる。

6
左足も同様に足をつなげる。

7
もう一度同じように針を貫通させて胴と足を引き絞ってしっかりつなげる。

8
最後、同じ穴に再び針を刺し、反対側の胴に糸を出し、玉止めして処理をする。手も同様につなげる。

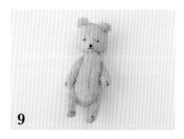

9
手と足がつながった状態。

お好みで毛抜きで毛をむしったり、
塗料でアンティーク加工したり、
またモヘアの種類や目の大きさ、
鼻のステッチ（P.46）を変えるだけで
いろんな表情のくまさんに仕上がります。

ねこさん

口元の切り替えがあるねこさんは、ふわふわの生地が合います。
ゆるいウエーブやくるくるのモヘア、好みの色で楽しんでください。

〈パターンについて〉

パターンはP.87を参照してください。

＊7cmのねこさんは80％に縮小する。

〈材料〉

9cmのねこさん

カールモヘア（毛足15〜20mm）……　15×18cm

ミニチュアファー（口元用）……　2×3cm

アルパカ（お腹用〈白〉・毛足10mm）……　6×4cm

ウルトラスエード（耳内用〈白〉・厚さ0.5mm）

　……　3×3cm

オニキスビーズ（2mm）……　2個

ジョイント（6mm）……　1個

ステンレスボール……　適量

縫い糸、ナイロン糸、刺繍糸、ぬいぐるみ用綿

　……　各適量

7cmのねこさん

ディストレスモヘア（毛足10mm）……　12×15cm

ミニチュアファー（口元用）……　2×2cm

アルパカ（お腹用〈白〉・毛足10mm）……　5×3cm

ウルトラスエード（耳内用〈白〉・厚さ0.5mm）

　……　3×3cm

オニキスビーズ（1.5mm）……　2個

ジョイント（6mm）……　1個

ステンレスボール……　適量

縫い糸、ナイロン糸、刺繍糸、ぬいぐるみ用綿

　……　各適量

くまさん(P.40)と同様の手順で作っていきます。足はパットがないので、手と同様に作ります。
ねこさん特有の頭、胴、耳の作り方を紹介します。
耳の内側に使うウルトラスエードは、縫い代を取らず、実線でカットしてください。
手足の爪はそれぞれ3本ステッチしてください。しっぽはいぬさん(P.65)を参照してください。

カットしたモヘアを整える

1
毛立てブラシで毛並みを整える。
Point 毛足の長いモヘアは毛立てブラシで毛流れを整えます。

2
1の縫い代部分をぐるりとカットする。
Point 毛足の長い生地は縫い代の毛をカットすることで、縫いやすくなります。

胴を縫う

1
胴と腹のパーツをそれぞれ中表に合わせて縫う。

2
縫った1を合わせ、腹上からあき口下まで縫う。

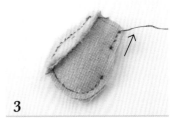

3
あき口上を縫う。糸は2本取りにし、下から上に縫っていき玉止めする。糸は切らない。

4
3の糸でそのまま首周りをぐし縫いする。

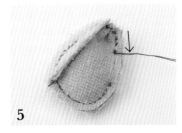

5
糸をきつく絞り、一度玉止めする。そのままあき口まで縫い戻る。ジョイントを差し込む所は、ぐし縫いして絞った中央になる。

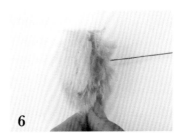

6
糸を残したまま鉗子で裏返す。裏返したあとはスタッフィングスティックを使い、細部まできれいに押し出す。残りの糸は後であき口を閉じるのに使う。

頭を縫う

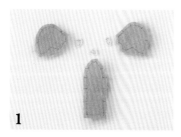

1

毛立てブラシで毛並みを整え、縫い代の毛をカットする。

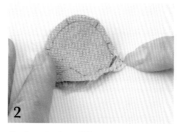

2

左右、中央の頭と口のパーツをそれぞれ中表に合わせて縫う。

3

2が縫い終わった状態。

4

くまさん同様に鼻先に合わせて縫い止め、糸を切る。

Point 頭と口元の布の色がまったく違う場合、糸の色を変えるとよいです。例えば、黒の布に白の口元だったら、口元だけ白の糸で頭は黒で縫います。

耳を縫う

1

耳外用の布の裏に耳内用のウルトラスエードを合わせる。耳外用の布を織り込みながらかがっていく。

2

織り込みにくい角はカットする。

3

2辺が縫い進んだ状態。

4

底も折り込みながらかがる。

5

縫い終わった状態。糸は残しておく。耳内はアルコールマーカーでピンクに染色する。

頭に耳をつける

1

耳をV字に折り、まち針で内側にカーブするように頭に固定して縫いつける。

Point 耳をつけるタイミングは全体のバランスを見て、各パーツをつけたあとでも大丈夫です。好みのタイミングで耳や顔は作ってください。

2

耳、目、鼻、口ができた状態。

Point 鼻と口は好みで1本取りでも2本取りでも大丈夫です。

Point 鼻をピンクにすると、ねこさんらしさが出ます。

3

目がよく見えるように目の周りの毛をカットし、毛抜きで毛をむしる。

Point 毛足の長いぬいぐるみの顔はハサミや毛抜きで整え、好みの顔に近づけてください。あご下の毛をカットすると、全体にスッキリした印象になります。

襟巻きとエプロン

好みのレース ―― 適量
リボン（3mm幅）―― 適量
ビーズ ―― 1個

＊襟巻きは首の太さに合わせてレースをカットし、ボンドで固定する。
＊エプロンはウエストの太さに合わせてレースをカットする。
レース上部にボンドをつけてリボンをのせてさらにボンドを塗って折り、好みでビーズを縫いつける。

うさぎさん

立ち耳、垂れ耳、好みの耳をつけてください。
耳の内側をほんのりピンクに染めると、かわいらしさが増します。
手触りのよい生地がおすすめです。

〈パターンについて〉

パターンはP.88を参照してください。

白いうさぎさんの場合は胴も腹も同じ白色なので、

パターンを合わせてカットしてください。

*8cmのうさぎさんは80%に縮小する。

〈材料〉

10cmのうさぎさん

アルパカ（毛足10mm）── 15×18cm

アルパカ（お腹用・毛足10mm）── 6×4cm

ウルトラスエード（耳内用〈白〉・厚さ0.5mm）── 4×4cm

オニキスビーズ（2mm）── 2個

ジョイント（6mm）── 1個

ステンレスボール ── 適量

縫い糸、ナイロン糸、刺繍糸、ぬいぐるみ用綿
　── 各適量

8cmのうさぎさん

ビスコース（毛足5〜7mm）── 12×15cm

ビスコース（お腹用・毛足5〜7mm）── 5×4cm

ウルトラスエード（耳内用〈白〉・厚さ0.5mm）── 4×4cm

オニキスビーズ（1.5mm）── 2個

ジョイント（6mm）── 1個

ステンレスボール ── 適量

縫い糸、ナイロン糸、刺繍糸、ぬいぐるみ用綿
　── 各適量

襟巻き

好みのリボン ── 適量

*首の太さに合わせてリボンをカットして結ぶ。

くまさん(P.40)と同様の手順で作っていきますが、胴は切り変えがあります。足はパッドがないので、
手と同様に作ります。耳はねこさん(P.54)を参照してください。手足の爪はそれぞれ3本ステッチしてください。

耳をつける

1

頭に鼻と口をステッチし、ジョ
イントを入れた状態。

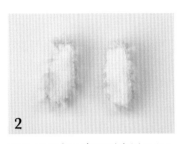

2

耳外用の布の裏に耳内用のウル
トラスエードを合わせる。耳外
用の布を織り込みながらかがる。

3

耳内はアルコールマーカーでピ
ンクに染色する。

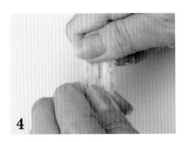

4

染色した部分を指でなじませる。

5

耳ができた状態。

6

垂れ耳のうさぎはまち針で固定
して縫いつける。目や耳をつけ
る順はどちらが先でも好みで。

7

立ち耳のうさぎは付け根部分を
二つ折りにし、2～3回縫い止める。
糸は残しておく。

8

まち針で位置を固定して頭に縫
いつける。

しっぽをつける

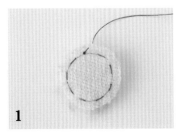

1

縫い代をぐし縫いする。

2

1の中心に綿をのせて糸を絞り、
玉止めする。

3

しっぽの位置をまち針で固定し、
お尻に縫いつける。

とっても小さなくまさんとうさぎさん

余った生地は捨てずに取って置き、
小さなくまさんとうさぎさんを作ってみませんか。
首はジョイントを入れず、胴に縫いつけるタイプです。

5.5cm

6cm

5.5cmのくまさん　　　6cmのうさぎさん

〈パターンについて〉
パターンはP.88を参照してください。

〈材料〉
くまさん
ビスコース(毛足5〜6mm) ── 10×12cm
ウルトラスエード(足裏用・厚さ0.5mm) ── 3×3cm
ステンレスボール ── 適宜
縫い糸、ナイロン糸、刺繍糸、ぬいぐるみ用綿 ── 各適量

うさぎさん
ビスコース(毛足5〜6mm) ── 10×12cm
ウルトラスエード(耳内用〈白〉・厚さ0.5mm) ── 3×3cm
ステンレスボール ── 適宜
縫い糸、ナイロン糸、刺繍糸、ぬいぐるみ用綿 ── 各適量

襟巻き
好みのレースやひも ── 適量
＊襟巻きは首の太さに合わせてレースをカットして結ぶ。

くまさんの作り方

1 布に型を写し、縫い代を3mm残してカットする。

2 胴のパーツ2枚のダーツ部分をそれぞれ縫う。

3 2を中表に合わせ、あき口を残して縫う（**A**）。

4 裏返してスタッフィングスティックを使い、
細部まできれいに押し出す。
Point パーツが小さくて裏返しにくい場合は、
ほつれ止め用ボンドを縫い代の周りに塗り、
乾く前に鉗子でつかむとよいです。

5 重みを出したい場合は好みでステンレスボールを入れる。

6 スタッフィングスティックスを使い、
綿を少しずつちぎってしっかりかために詰める。

7 ラダーステッチであき口を閉じる。

8 くまさん（P.43）を参照して頭と耳を作り、口と鼻をステッチする。
目はフレンチナッツステッチをする。

9 ジョイントを入れずにぐし縫いし、引き絞る（**B**）。

10 まち針で胴につける頭の位置を固定し（**C**）、縫いつける（**D**）。

11 くまさん（P.49）を参照して手と足を作り、
胴に手と足をつなげる（P.50）。

12 手足の爪はそれぞれ4本ステッチする。

A

B

C

D

うさぎさんの作り方

1 布に型を写し、縫い代を3mm残してカットする。

2 胴のパーツを中表に合わせ、あき口を残して縫う。

3 裏返してスタッフィングスティックを使い、細部まできれいに押し出す。
Point パーツが小さくて裏返しにくい場合は、
ほつれ止め用ボンドを縫い代の周り塗り、乾く前に鉗子でつかむとよいです。

4 重みを出したい場合は好みでステンレスボールを入れる。

5 スタッフィングスティックを使い、綿を少しずつちぎってしっかりかために詰める。

6 ラダーステッチであき口を閉じる。

7 くまさん（P.43）を参照して頭を作り、口と鼻をステッチする。
目はフレンチナッツステッチをする。

8 うさぎさん（P.57）を参照して耳を作り、頭に縫いつける。

9 ジョイントを入れずにぐし縫いし、引き絞る。

10 まち針で胴につける頭の位置を固定し、縫いつける。

11 くまさん（P.49）を参照して手と足を作り、胴に手と足をつなげる（P.50）。

12 うさぎさん（P.57）を参照してしっぽをつける。

13 手足の爪はそれぞれ3本ステッチする。

ひつじさん

ひつじさんらしく、アルパカ生地を使ってふわふわの毛並みに。
垂れ耳とやさしい口元が合うように、お顔は丸顔に。
頬をピンクに染めるのもおすすめです。

9cm

7cm

〈パターンについて〉

パターンはP.89を参照してください。

＊7cmのひつじさんは80%に縮小する。

〈材料〉

9cmのひつじさん	7cmのひつじさん
アルパカ(毛足10mm) …… 13×16cm	アルパカ(毛足10mm) …… 11×14cm
ウルトラスエード	ウルトラスエード
(耳内用〈白系〉・厚さ0.5mm) …… 2×4cm	(耳内用〈白系〉・厚さ0.5mm) …… 2×3cm
ウルトラスエード	ウルトラスエード
(足裏用〈ベージュ〉・厚さ0.5mm) …… 3×4cm	(足裏用〈ベージュ〉・厚さ0.5mm) …… 3×3cm
オニキスビーズ(2mm) …… 2個	オニキスビーズ(1.5mm) …… 2個
ジョイント(6mm) …… 1個	ジョイント(6mm) …… 1個
ステンレスボール …… 適量	ステンレスボール …… 適量
縫い糸、ナイロン糸、刺繍糸、ぬいぐるみ用綿	縫い糸、ナイロン糸、刺繍糸、ぬいぐるみ用綿
…… 各適量	…… 各適量

くまさん(P.40)と同様の手順で作っていきます。
ひつじさん特有の頭の作り方を紹介します。
胴(切り変えはありません)と耳はねこさん(P.53・54)、
耳の付け方は立ち耳のうさぎさん(P.57)を参照して下向きにつけてください。
ひつじさんは爪をステッチしません。

頭を縫う

1
頭の左右、後頭部のパーツを準備する。

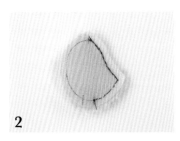

2
左右のパーツを中表に合わせ、頭の上からあご下まで縫う。

3
2に後頭部を合わせ、あき口を残してぐるりと縫い合わせる。

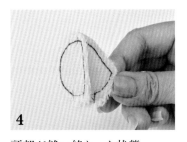

4
頭部が縫い終わった状態。

5
鉗子で裏返し、スタッフィングスティックを使って細部まできれいに押し出す。

Point　毛足が長いと感じるときは、パーツごとに刈り込んで好みの形にしてください。その際は失敗しないように少しずつカットしてください。カットすると、鼻と口のステッチもしやすくなります。

エプロンスカート

好みの毛糸 —— 適量

スパンコール —— 適量

＊9cmのひつじは2号、
　7cmのひつじは1号のかぎ針を使用。

編み方
① 30目のくさり編みをし、輪にする。
② 図を参考にして目を減らしながらスカート部分を編む。
③ 一度糸を切り、胸当ての部分を編む。
　好みの幅7〜10目で4段編む。
④ 胸当ての両角から10目くさり編みをし、
　後ろでクロスしてスカートにつける。
⑤ 好みでスパンコールをつける。

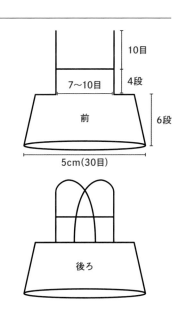

段数	目数	減目
4〜6	25	—
3	25	-5
2	30	—
1	30	—

いぬさん

いぬさんは大きなしっぽと垂れ耳がポイント。
仕上げに毛を抜き、アンティーク感を出してください。
鼻の形を変えて、たくさんのお友だちを作ってあげて。

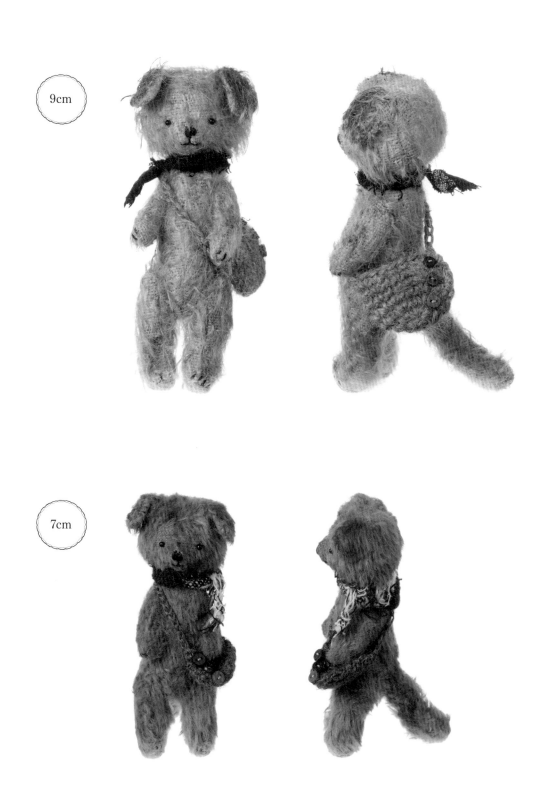

9cm

7cm

〈パターンについて〉

パターンはP.89を参照してください。

＊7cmのいぬさんは80％に縮小する。

〈材料〉

9cmのいぬさん

スパースモヘア（毛足10mm）⋯⋯ 15×18cm

ウルトラスエード（耳内用と足裏用〈ベージュ〉・
　厚さ0.5mm）⋯⋯ 3×8cm

オニキスビーズ（1.5mm）⋯⋯ 2個

ジョイント（6mm）⋯⋯ 1個

ステンレスボール ⋯⋯ 適量

縫い糸、ナイロン糸、刺繍糸、ぬいぐるみ用綿
　⋯⋯ 各適量

7cmのいぬさん

ビスコース（毛足5〜6mm）⋯⋯ 12×17cm

ウルトラスエード（耳内用と足裏用〈ベージュ〉・
　厚さ0.5mm）⋯⋯ 3×7cm

オニキスビーズ（1.5mm）⋯⋯ 2個

ジョイント（6mm）⋯⋯ 1個

ステンレスボール ⋯⋯ 適量

縫い糸、ナイロン糸、刺繍糸、ぬいぐるみ用綿
　⋯⋯ 各適量

くまさん（P.40）と同様の手順で作っていきます。

いぬ特有のしっぽの付け方を紹介します。

頭はひつじさん（P.63）、胴（切り変えはありません）はねこさん（P.53）、

耳はねこさん（P.54）、耳の付け方は垂れ耳のうさぎさん（P.57）を参照してください。

手足の爪はそれぞれ4本ステッチしてください。

しっぽの付け方

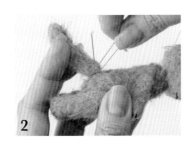

1 最後にしっぽを縫いつける。まち針で位置を固定する。

2 糸でしっぽの周りを縫いつけていく。

ポシェット

好みの毛糸 ⋯⋯ 適量

ボタン ⋯⋯ 適量

＊9cmのいぬは2号針、
7cmのいぬは0号針のかぎ針を使用。

編み方

① 輪の作り目で始める。

② 図を参考にして目を増やしながら編んで糸を切る。

③ 8cmほどになるようにくさり編みをし、②につける。

④ 好みでボタンをつける。

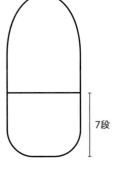

段数	目数	減目
4〜7	18	―
3	18	+6
2	12	+6
1	6	―

7段

りすさん

ボリュームたっぷりの、大きなしっぽが特徴です。
顔の切り返しが少し難しく感じるかもしれませんが、
焦らずに縫ってみてください。
耳は中央に寄せてつけるとりすらしさが出ます。

9cm

7cm

〈パターンについて〉

パターンはP.90を参照してください。

＊7cmのりすさんは80%に縮小する。

〈材料〉

9cmのりすさん

ディストレスモヘア(毛足10mm) ⋯⋯ 13×15cm

アルパカ

　(ほっぺ用とお腹用・毛足10mm) ⋯⋯ 5×8cm

ストレースモヘア

　(しっぽ用・毛足15〜20mm) ⋯⋯ 8×10cm

ウルトラスエード(耳内用〈白〉・厚さ0.5mm) ⋯⋯ 2×4cm

オニキスビーズ(2mm) ⋯⋯ 2個

ジョイント(6mm) ⋯⋯ 1個

ステンレスボール ⋯⋯ 適量

縫い糸、ナイロン糸、刺繍糸、ぬいぐるみ用綿

　⋯⋯ 各適量

7cmのりすさん

ディストレスモヘア(毛足10mm) ⋯⋯ 11×13cm

アルパカ

　(ほっぺ用とお腹用・毛足10mm) ⋯⋯ 4×7cm

ストレースモヘア

　(しっぽ用・毛足15〜20mm) ⋯⋯ 7×8cm

ウルトラスエード(耳内用〈白〉・厚さ0.5mm) ⋯⋯ 2×3cm

オニキスビーズ(1.5mm) ⋯⋯ 2個

ジョイント(6mm) ⋯⋯ 1個

ステンレスボール ⋯⋯ 適量

縫い糸、ナイロン糸、刺繍糸、ぬいぐるみ用綿

　⋯⋯ 各適量

エプロン

好みの布 ⋯⋯ 適量　好みの毛糸 ⋯⋯ 適量

＊エプロンはねこさん(P.55)を参照。

＊好みの毛糸を首に巻きつける。

くまさん(P.40)と同様の手順で作っていきます。

足はパッドがないので、手と同様に作ります。

りすさん特有の頭の作り方を紹介します。

胴と耳はねこさん(P.53・54)、耳の付け方は立ち耳のうさぎさん(P.57)、

しっぽはいぬさん(P.65)を参照してください。手足の爪はそれぞれ3本ステッチしてください。

頭を縫う

1 頭の左右上下、中央のパーツを準備する。

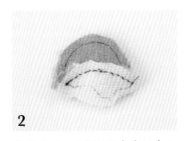

2 左右のパーツ上下を中表に合わせ、縫い合わせる。

3 片方の顔が縫い合わさった状態。あとはくまさんと同様に縫う。

Point

・ほっぺはりすさんらしく、膨らむようにしっかり綿を詰めます。

・しっぽはカールのあるモヘアを使ってもかわいいです。

　またパーツが大きいので、胴にしっかり縫いつけてください。

きつねさん

とがった耳と大きなしっぽが特徴のきつねさん。
耳、手足、しっぽの先を濃い色に染めると、
ワイルドなきつねさんらしさが出ます。

10cm

8.5cm

〈パターンについて〉
パターンはP.90を参照してください。
＊8.5cmのきつねさんは85％に縮小する。

〈材料〉

10cmのきつねさん

ディストレスモヘア（毛足10mm）—— 15×18cm

アルパカ（お腹用〈白〉・毛足10mm）—— 7×4cm

ウルトラスエード（耳内用〈白〉・厚さ0.5mm）
—— 2×5cm

オニキスビーズ（1.5mm）—— 2個

ジョイント（6mm）—— 1個

ステンレスボール —— 適量

縫い糸、ナイロン糸、刺繍糸、ぬいぐるみ用綿
—— 各適量

8.5cmのきつねさん

ビスコース（毛足5〜6mm）—— 15×18cm

ビスコース（お腹用〈白〉・毛足5〜6mm）—— 6×4cm

ウルトラスエード（耳内用〈白〉・厚さ0.5mm）
—— 2×5cm

オニキスビーズ（1.5mm）—— 2個

ジョイント（6mm）—— 1個

ステンレスボール —— 適量

縫い糸、ナイロン糸、刺繍糸、ぬいぐるみ用綿
—— 各適量

くまさん（P.40）と同様の手順で作っていきます。
足はパッドがないので、手と同様に作ります。
胴と耳はねこさん（P.53・54）、しっぽはいぬさん（P.65）を参照してください。
手足の爪はそれぞれ3本ステッチしてください。

Point
・耳、手足、しっぽの先を絵の具で黒く染めると、
　きつねさんらしさが出ます。

マフラー

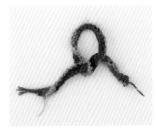

好みの毛糸 —— 適量
＊1号針のかぎ針を使用。

編み方

① 10cmのきつねは60目、
　8.5cmのきつねはくさり編みで50目編む。

② 3段編んだら、好みで両端にフリンジをつける。
　一段ずつ毛糸の色を変えても。

60目（10cmのきつね）
50目（8.5cmのきつね）

3段

ぞうさん

一見難しそうに見えるぞうさんですが、
各パーツが大きいので初心者さん向きのぬいぐるみです。
淡い色の生地にアンティーク加工を施して楽しんでください。

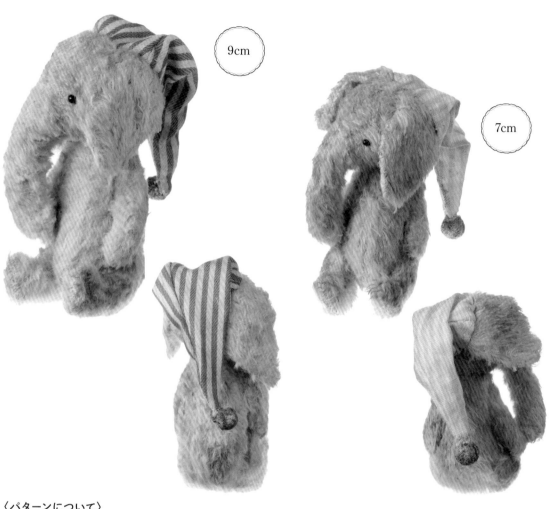

〈パターンについて〉

パターンはP.91を参照してください。

＊7cmのぞうさんは80％に縮小する。

〈材料〉

9cmのぞうさん

ビスコース（毛足5〜7mm）…… 15×20cm

ウルトラスエード

　（耳内用〈白〉・厚さ0.5mm）…… 5×6cm

オニキスビーズ（2mm）…… 2個

ジョイント（6mm）…… 1個

ステンレスボール …… 適量

縫い糸、ナイロン糸、刺繍糸、ぬいぐるみ用綿

　…… 各適量

7cmのぞうさん

ビスコース（毛足5〜7mm）…… 13×18cm

ウルトラスエード

　（耳内用〈白〉・厚さ0.5mm）…… 4×6cm

オニキスビーズ（1.5mm）…… 2個

ジョイント（6mm）…… 1個

ステンレスボール …… 適量

縫い糸、ナイロン糸、刺繍糸、ぬいぐるみ用綿

　…… 各適量

くまさん(P.40)と同様の手順で作っていきます。

足はパッドがないので、手と同様に作ります。胴(切り変えはありません)と耳はねこさん(P.53・54)、

耳の付け方は垂れ耳のうさぎさん(P.57)を参照してください。ぞうさんは爪をステッチしません。

頭を縫う

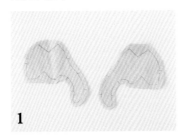

1

頭の左右のパーツを準備する。

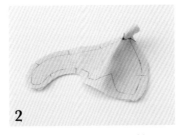

2

頭上のダーツをそれぞれ縫う。

3

左右が縫えた状態。

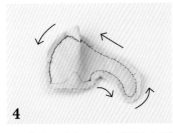

4

3を中表に合わせ、あご下から頭後ろまで縫う。

5

頭下のダーツをそれぞれ縫う。

6

頭を縫い終えた状態。

7

鼻先に鉗子を入れてひっくり返し、スタッフィングスティックを使って細部まできれいに押し出す。

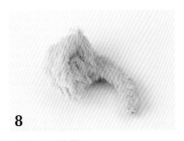

8

裏返した状態。

ナイトキャップ

*パターンはP.93を参照。

好みの布 …… 適量

ステンレスボール(15mm) …… 1〜2玉

*ナイトキャップの布は型紙に合わせて2枚切り、中表に合わせて縫って裏返し、縁を内側に折って縫う。

*ナイトキャップのボンボンは縫い代をぐし縫いし、ステンレスボールをのせて糸を絞り、玉止めする。

*金のマーカーで染色し、ナイトキャップの先端に縫いつける。

*頭に縫いつける。

ねずみさん

くるりと巻いたしっぽが特徴のねずみさん。
しっぽの刺繍糸の色や目の位置を変えるだけで、
いろんなねずみさんを楽しめます。

〈パターンについて〉

パターンはP.91を参照してください。

＊7cmのねずみさんは80％に縮小する。

〈材料〉

9cmのねずみさん

ディストレスモヘア（毛足10mm）—— 12×16cm

ウルトラスエード

　（耳内用〈白〉・厚さ0.5mm）—— 2×4cm

オニキスビーズ（2mm）—— 2個

ジョイント（6mm）—— 1個

ステンレスボール —— 適量

ワイヤー（26番）—— 適量

縫い糸、ナイロン糸、刺繍糸、ぬいぐるみ用綿

　—— 各適量

7cmのねずみさん

ビスコース（毛足5〜6mm）—— 10×14cm

ウルトラスエード

　（耳内用〈白〉・厚さ0.5mm）—— 2×3cm

オニキスビーズ（1.5mm）—— 2個

ジョイント（6mm）—— 1個

ステンレスボール —— 適量

ワイヤー（26番）—— 適量

縫い糸、ナイロン糸、刺繍糸、ぬいぐるみ用綿

　—— 各適量

くまさん(P.40)と同様の手順で作っていきます。

足はパッドがないので、手と同様に作ります。しっぽはねずみさん特有の作り方を紹介します。

胴(切り変えはありません)と耳はねこさん(P.53・54)、

耳の付け方は立ち耳のうさぎさん(P.57)を参照してください。

手足の爪はそれぞれ3本ステッチしてください。

しっぽの作り方

ワイヤーをペンチで半分に折る。

先端にボンドをつける。

刺繍糸を1本取りで、ワイヤーに絡ませる。

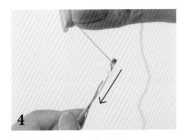

先から少しずつ巻いていく。

ボンドを足しながらさらに巻き進める。

6cmほど巻いたら、1cmほど残して切り落とす。

好みでしっぽの先を巻く。

ボンドを糸が巻いていないほうのワイヤーの先端につけてお尻に差し込む。

ショール

*パターンはP.93を参照。

好みの布 …… 適量

ビーズ …… 適量

ほつれ止め用ボンド …… 適量

*型に合わせて布を切り、ほつれ止めボンドを周りに塗る。

*好みでビーズをつけ、首に結ぶ。

Rabbit

ジョイントでつなげないタイプのぬいぐるみです。
ショートモヘアやミニチュアファーを使い、素朴な雰囲気に。
シンプルにリボンを巻くだけで、かわいいです。

〈パターンについて〉

パターンはP.92を参照してください。

＊6cmのRabbitは80％に縮小する。

〈材料〉

8cmのRabbit

ショートモヘア（毛足5mm）── 13×11cm

ウルトラスエード

　（耳内用〈白〉・厚さ0.5mm）── 3×3cm

オニキスビーズ（1.5mm）── 2個

縫い糸、刺繍糸、ぬいぐるみ用綿 ── 各適量

好みのリボン ── 適量

6cmのRabbit

ミニチュアファー ── 11×10cm

ウルトラスエード

　（耳内用〈白〉・厚さ0.5mm）── 3×3cm

縫い糸、刺繍糸、ぬいぐるみ用綿 ── 各適量

好みのリボン ── 適量

布に型を写す

毛流れのあるものは毛の向きに気をつけ、布の裏側に型を写す。

布をカットする

縫い代を3mm残してカットした状態。

胴と手足を縫う

1

腹と手足を縫い合わせる。手足の向きに気をつける。

2

体の左右を中表に合わせて鼻先からあご下まで縫う。糸はそのままつけておく。

3

2の間に1を中表に合わせて×印を縫い止めて糸を切る。

4

○印を合わせて足→手→あご→手→足とぐるりと縫い合わせる。そのまま◎まで縫い進める。

5

頭の中央のパーツを中表に合わせてぐるりと縫い合わす。

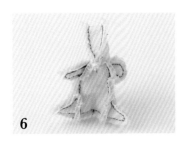

6

すべてのパーツが縫い終わった状態。

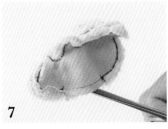

7

鉗子で布の一部をつまみ、あき口から裏返す。スタッフィングスティックを使い、細部まできれいに押し出す。

8

綿を詰めて背中のあき口を縫った状態。

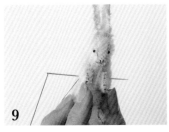

9

手足の開きが気になる場合はくまの糸ジョイント(P.50)の要領で引き絞る。

耳を縫う

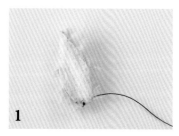

1

耳外用の布の裏に、耳内用のウルトラスエードを合わせ、耳外用の布を織り込みながらかがっていく。糸は残しておく。

2

耳内はアルコールマーカーで薄いピンクで染色する。

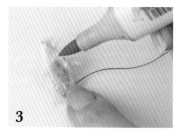

3

2の上に濃いめのピンクを塗り重ねる。

4

指先で色をなじませる。

5

耳の付け根部分を二つ折りにし、2〜3回縫い止める。

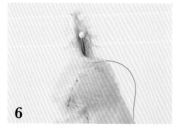

6

まち針で位置を固定して頭に縫いつける。

しっぽをつける

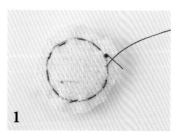

1

縫い代をぐし縫いする。

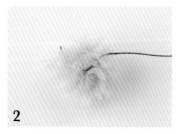

2

1の中心に綿をのせて糸を絞り、玉止めする。

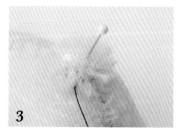

3

しっぽの位置をまち針で固定し、お尻に縫いつける。

鼻と口をステッチする

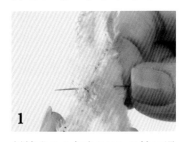

1

刺繍糸を2本取りにして針に通し、あご横から鼻先に通す。
Point 刺繍糸は1本取りでも2本取りでも大丈夫です。ぬいぐるみのサイズ、好みで変えてください。

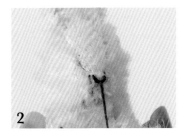

2

鼻は横にステッチし、その下すぐに針を出して糸で引っ掛けてV字にする。

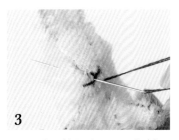

3

2mm下に針を入れる。右斜め下に針を出し、再度鼻下に刺す。反対側も同様にステッチし、最後は頭の後ろに糸を出して玉止めして処理をする。

目をつける

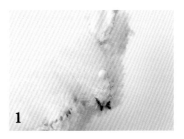

1

目の位置をまち針で決める。

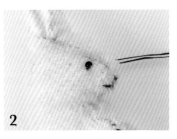

2

くまさん(P.47)を参照して目をつける。

3

6cmのRabbitは糸を2本取りにして針に通し、フレンチナッツステッチで目をつける。

仕上げる

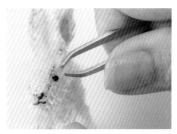

お好みで毛抜きで毛をむしったり、布用絵の具でアンティーク加工したり、また生地の種類を変えるだけでいろんな表情になる。リボンを首に巻きつける。
Point ショートモヘアは毛が短いが、全体を刈り込むことで、形よく仕上がります。

Dog

4本足のDogは、ブチや耳の色で個性を出せます。
首輪をつけてみたり、汚しを強くするとかわいいです。
もし愛犬がいたら、ワンちゃんの色に仕上げてください。

6cm

5cm

〈パターンについて〉
パターンはP.92を参照してください。
＊5cmのDogは80%に縮小する。

〈材料〉

6cmのDog
ビスコース(毛足5〜7mm) ⋯⋯ 13×12cm
縫い糸、刺繍糸、ぬいぐるみ用綿、
　ほつれ止め用ボンド ⋯⋯ 各適量

5cmのDog
ビスコース(毛足5〜7mm) ⋯⋯ 11×10cm
縫い糸、刺繍糸、ぬいぐるみ用綿、
　ほつれ止め用ボンド ⋯⋯ 各適量

布に型を写す

1

毛流れのあるものは毛の向きに
気をつけ、布の裏側に型を写す。

胴と手足を縫う

2

腹と手足のパーツを中表に合わ
せて縫い合わせる。手足の向き
に気をつける。

3

体の左右を中表に合わせ、鼻先
の●からあご下の×の印まで縫
う。そのままお腹の×を合わせ
て縫い止め、糸を切る。

4

体の◎と腹の◎の印を合わせて針を入れる。

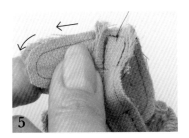

5

Rabbit (P.77)の4を参考にしてぐるりと縫い合わせる。

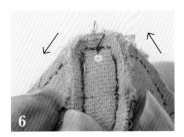

6

一周して◎まで戻ったらそのまま〇の印まで縫う。その後頭中央のパーツを縫う。鉗子であき口から裏返す。スタッフィングスティックを使い、細部まできれいに押し出す。

耳と目をつける

1

実線で切った耳にほつれ止め用ボンドを周りに塗り、乾かす。耳の付け根を頭に縫いつける。

2

まち針で目の位置を決める。

3

糸を2本取りし、フレンチナッツステッチで目をつける。
Point 鼻と口は刺繍糸は1本取りでも2本取りでも大丈夫です。ぬいぐるみのサイズ、好みで変えてください。

仕上げる

1

布用絵の具を水で薄く溶き、経年劣化で汚れそうな耳、胴、足などに筆で塗る。

2

塗ったあとは、手でこすり、なじませる。

3

塗り終わった状態。

Sheep

小さな目とマッチ棒の細い足がポイント。
並べて飾ると、インテリアにもなります。
布の雰囲気で変わるのも楽しいぬいぐるみです。

〈パターンについて〉

パターンはP.93を参照してください。

＊6cmのSheepは80%に縮小する。

〈材料〉

8cmのSheep

ショートモヘア(毛足5mm) ⋯⋯ 12×15cm

縫い糸、刺繍糸、ぬいぐるみ用綿、マッチ棒、
　ほつれ止め用ボンド ⋯⋯ 各適量

6cmのSheep

カールビスコース(毛足7mm) ⋯⋯ 10×13cm

縫い糸、刺繍糸、ぬいぐるみ用綿、マッチ棒、
　ほつれ止め用ボンド ⋯⋯ 各適量

Point　ショートモヘア以外にもウールやカール、
ビスコースなどいろんな布で作っても楽しいです。

胴と手足を縫う

1

Rabbit（P.77）と同様に腹と手足のパーツを中表に合わせて縫う。手足の向きに気をつける。

2

体の左右を中表に合わせ、●から○の印まで縫う。そのまま腹の○を縫い止める。

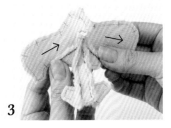

3

左右の前足の外側を縫い合わせる。

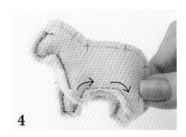

4

前足のあきを残し、腹下の足の間を縫い合わせる。

5

後ろ足も同様にあきを残し、お尻までそれぞれ縫い合わせる。

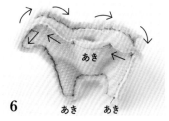

6

あき口を残して背中を縫い合わせる。4本の足先はマッチ棒を指すので縫いつけない。

7

鉗子で布の一部をつまみ、あき口から裏返す。

8

スタッフィングスティックで細部まできれいに押し出して綿を詰め、あき口を閉じる。足先はあいた状態。

耳と目をつける

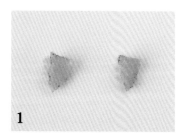

1
実線で切った耳にほつれ止め用ボンドで周りを塗り、乾かす。

2
糸を2本取りにし、フレンチナッツステッチで目をつける。耳は2つ折りにしてまち針で位置を決め、折った部分を縫いつける。
Point 鼻と口は刺繍糸は1本取りでも2本取りでも大丈夫です。ぬいぐるみのサイズ、好みで変えてください。

3
耳、目、鼻、口がついた状態。

しっぽをつける

1
実線で切ったしっぽにほつれ止め用ボンドを周りに塗り、乾かす。

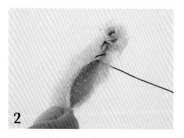

2
二つ折りにして細いほうからかがる。

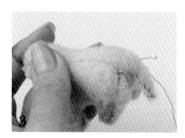

3
まち針で位置を決め、同じ糸でそのまま縫いつける。

足をつける

1

マッチ棒の足を差し込むが、綿が足りない場合はあき口から足す。詰め過ぎるとマッチ棒が入りづらくなるので気をつける。

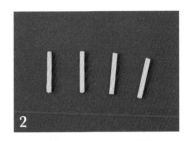

2

マッチ棒を2cmほどの長さカットする。

3

木工ボンドをマッチ棒の先につける。

4

足のあき口からマッチ棒を差し込んでぎゅっと押して固定する。

5

4本のマッチ棒が差し終わった状態。

6

バランスを見ながら足の長さをカッターで切り揃える。

7

アルコールマーカーで足先を黒く塗る。好みで刺繍糸をお腹に巻いて結ぶ。

型紙

~~~~~~~~~~~~~~~~~~~~

・型紙は実寸の大きさです。

・コピーを取るか、トレーシングペーパーに写してください。

・↓は毛流れの方向なので、それに合わせて型を取ります。

・[対]と書いてあるものは、型を裏返して布に写します。

・縫い代はついていないので3mm残してカットしてください。

・縫い代が必要ないもの(☆)は実線でカットしてください。

・毛足の長い布を使う場合は、縫い代の毛をカットすると縫いやすくなります。

くまさん

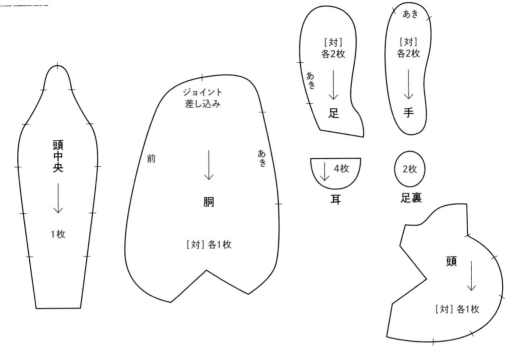

ねこさん

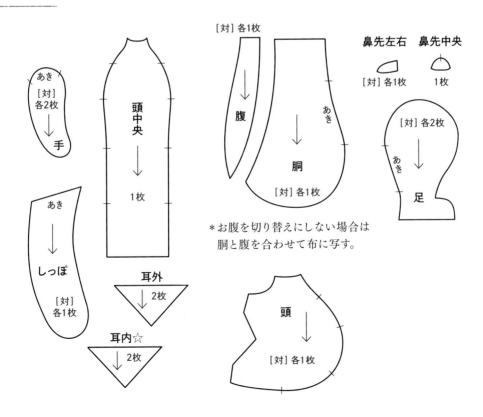

うさぎさん

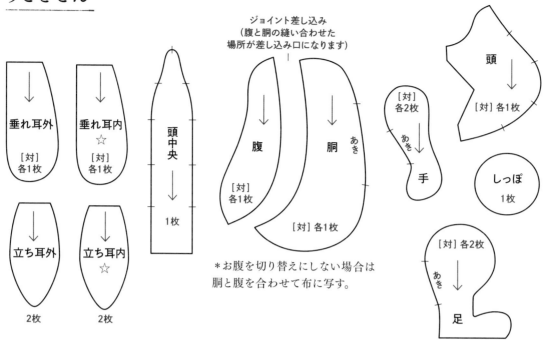

ジョイント差し込み
（腹と胴の縫い合わせた
場所が差し込み口になります）

垂れ耳外 [対] 各1枚

垂れ耳内 ☆ [対] 各1枚

頭中央 1枚

腹 [対] 各1枚

胴 [対] 各1枚

あき

手 [対] 各2枚 あき

頭 [対] 各1枚

しっぽ 1枚

立ち耳外 2枚

立ち耳内 ☆ 2枚

足 [対] 各2枚 あき

＊お腹を切り替えにしない場合は
胴と腹を合わせて布に写す。

とっても小さなくまさんとうさぎさん

くまさん

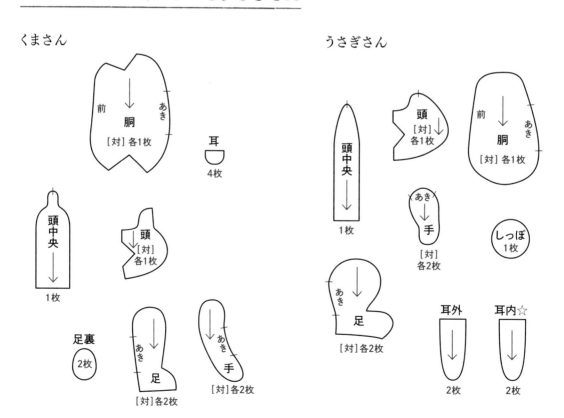

胴 [対] 各1枚 前 あき

耳 4枚

頭中央 1枚

頭 [対] 各1枚

足裏 2枚

足 [対] 各2枚 あき

手 [対] 各2枚 あき

うさぎさん

頭中央 1枚

頭 [対] 各1枚

胴 [対] 各1枚 前 あき

手 [対] 各2枚 あき

しっぽ 1枚

足 [対] 各2枚 あき

耳外 2枚

耳内 ☆ 2枚

ひつじさん

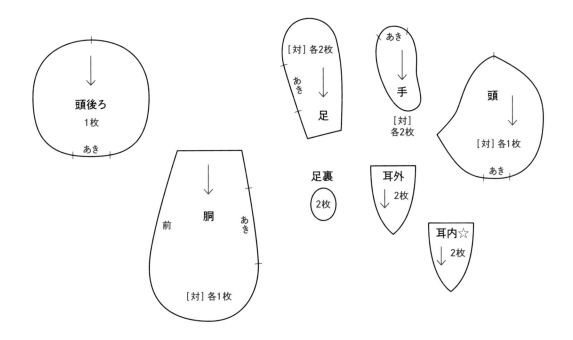

頭後ろ
1枚
あき

[対] 各2枚
あき
足

あき
手
[対]
各2枚

頭
[対] 各1枚
あき

胴
前　あき
[対] 各1枚

足裏
2枚

耳外
2枚

耳内☆
2枚

いぬさん

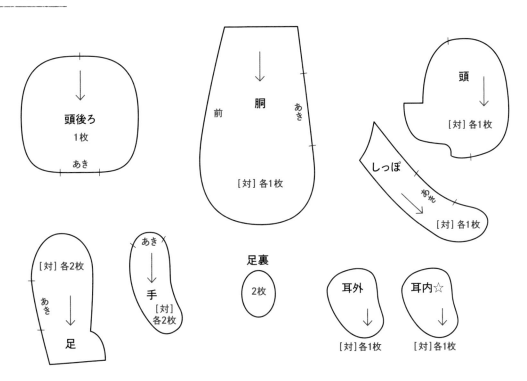

頭後ろ
1枚
あき

胴
前　あき
[対] 各1枚

頭
[対] 各1枚

しっぽ
あき
[対] 各1枚

[対] 各2枚
あき
足

あき
手
[対]
各2枚

足裏
2枚

耳外
[対]各1枚

耳内☆
[対]各1枚

89

りすさん

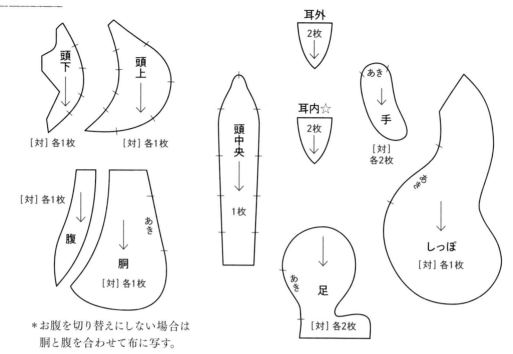

頭下　[対] 各1枚

頭上　[対] 各1枚

[対] 各1枚

腹

胴　あき　[対] 各1枚

頭中央　1枚

耳外　2枚

耳内☆　2枚

足　あき　[対] 各2枚

あき　手　[対] 各2枚

あき　しっぽ　[対] 各1枚

＊お腹を切り替えにしない場合は
胴と腹を合わせて布に写す。

きつねさん

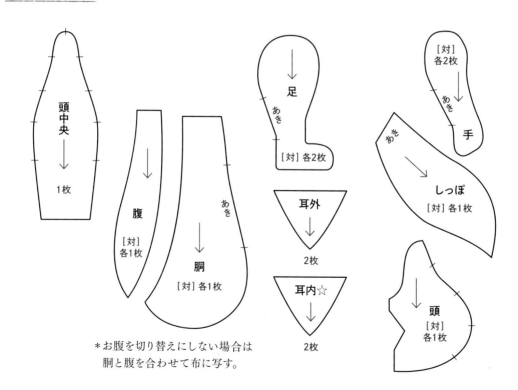

頭中央　1枚

腹　[対] 各1枚

胴　あき　[対] 各1枚

足　あき　[対] 各2枚

耳外　2枚

耳内☆　2枚

[対] 各2枚　あき　手

あき　しっぽ　[対] 各1枚

あき　頭　[対] 各1枚

＊お腹を切り替えにしない場合は
胴と腹を合わせて布に写す。

ぞうさん

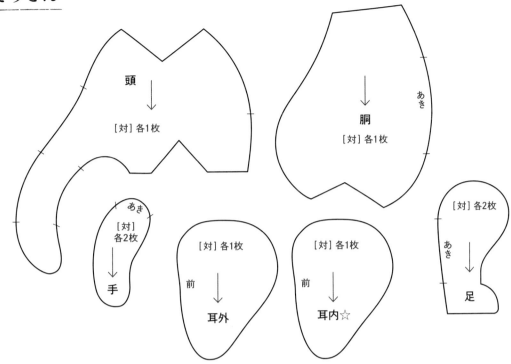

頭
↓
[対] 各1枚

胴
↓
あき
[対] 各1枚

あき
[対]
各2枚
↓
手

[対] 各1枚
前 ↓
耳外

[対] 各1枚
前 ↓
耳内☆

[対] 各2枚
あき ↓
足

ねずみさん

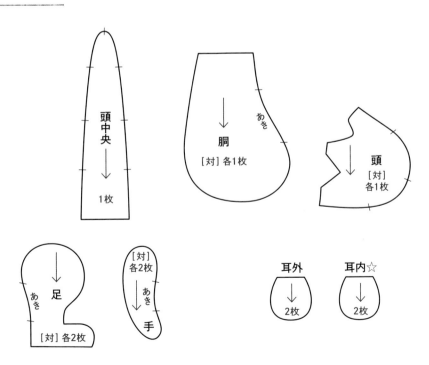

頭
中
央
↓
1枚

胴
↓
あき
[対] 各1枚

頭
↓
[対]
各1枚

足
あき ↓
[対] 各2枚

[対]
各2枚
↓
あき
手

耳外
↓
2枚

耳内☆
↓
2枚

Rabbit

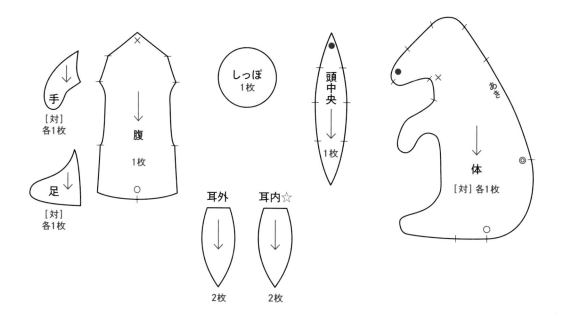

手
[対]
各1枚

足
[対]
各1枚

腹
1枚

しっぽ
1枚

耳外
2枚

耳内☆
2枚

頭中央
1枚

体
[対] 各1枚

あき

Dog

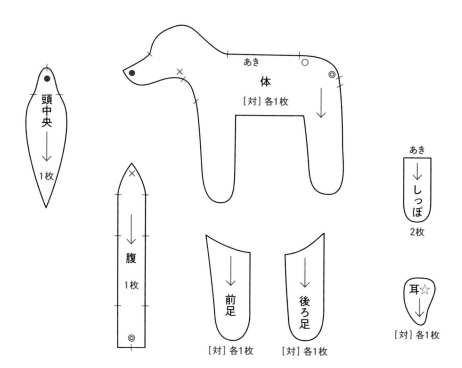

頭中央
1枚

腹
1枚

体
[対] 各1枚

あき

前足
[対] 各1枚

後ろ足
[対] 各1枚

あき
しっぽ
2枚

耳☆
[対] 各1枚

Sheep

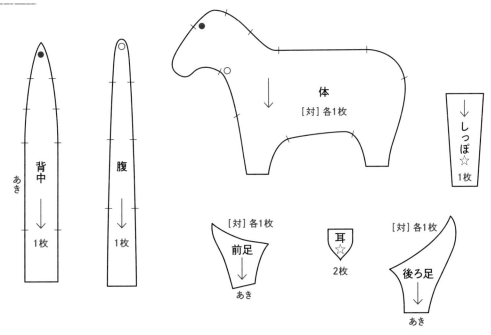

背中
あき
↓
1枚

腹
↓
1枚

体
[対] 各1枚
↓

しっぽ
↓
☆
1枚

[対] 各1枚
前足
↓
あき

耳
☆
2枚

[対] 各1枚
後ろ足
↓
あき

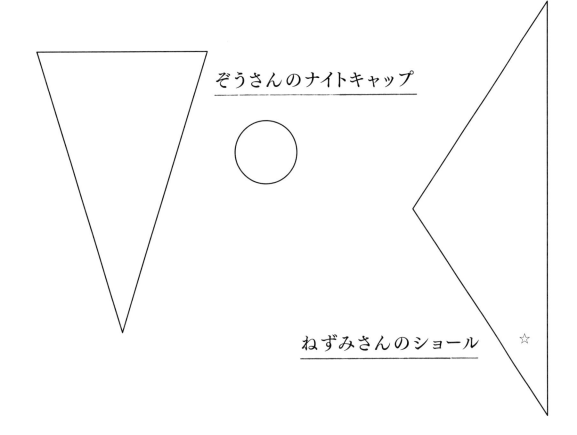

ぞうさんのナイトキャップ

ねずみさんのショール

☆

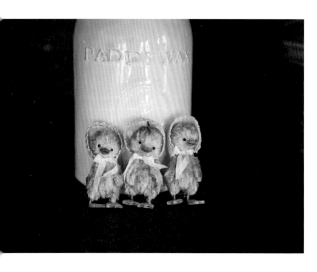

森田寛子
moriのえほん

イギリス在住中、テディベアに興味を持つ。帰国後、子育てが落ち着いた2013年より独学でミニチュアぬいぐるみの制作を開始。手染めやヴィンテージ生地を使用したり、グラスアイを自作したりと、雰囲気のある作品作りに多くのファンがいる。東京ドールハウスミニチュアショウなど、さまざまなイベントに参加。ミニチュア作家やイラストレーターとのコラボも人気。
Instagram：@pohirohiro

Photograph／山口 明、渋谷和江(切り抜き・作り方)
Design／塚田佳奈(ME&MIRACO)
Styling／前田かおり
Model／エミリー モーリ
Editing／小池洋子(グラフィック社)

手のひらにのせて楽しむぬいぐるみ
アンティークな小さい動物たち

2024年4月25日　初版第1刷発行
2024年11月25日　初版第2刷発行

著者／森田寛子
発行者／津田淳子
発行所／株式会社グラフィック社
〒102-0073 東京都千代田区九段北1-14-17
tel.03-3263-4318(代表)／03-3263-4579(編集)
https://www.graphicsha.co.jp
印刷・製本／TOPPANクロレ株式会社